DEBUT D'UNE SERIE DE DOCUMENTS
EN COULEUR

LA RÉPUBLIQUE

DE 1877 A 1902

Finances,

Commerce,

Agriculture.

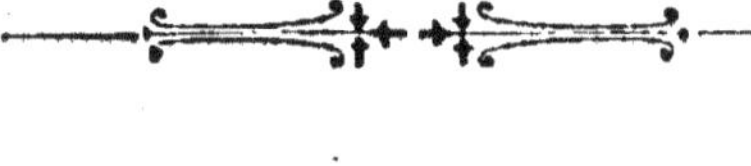

LYON

IMPRIMERIE X. JEVAIN

Rue François-Dauphin, 13

1902

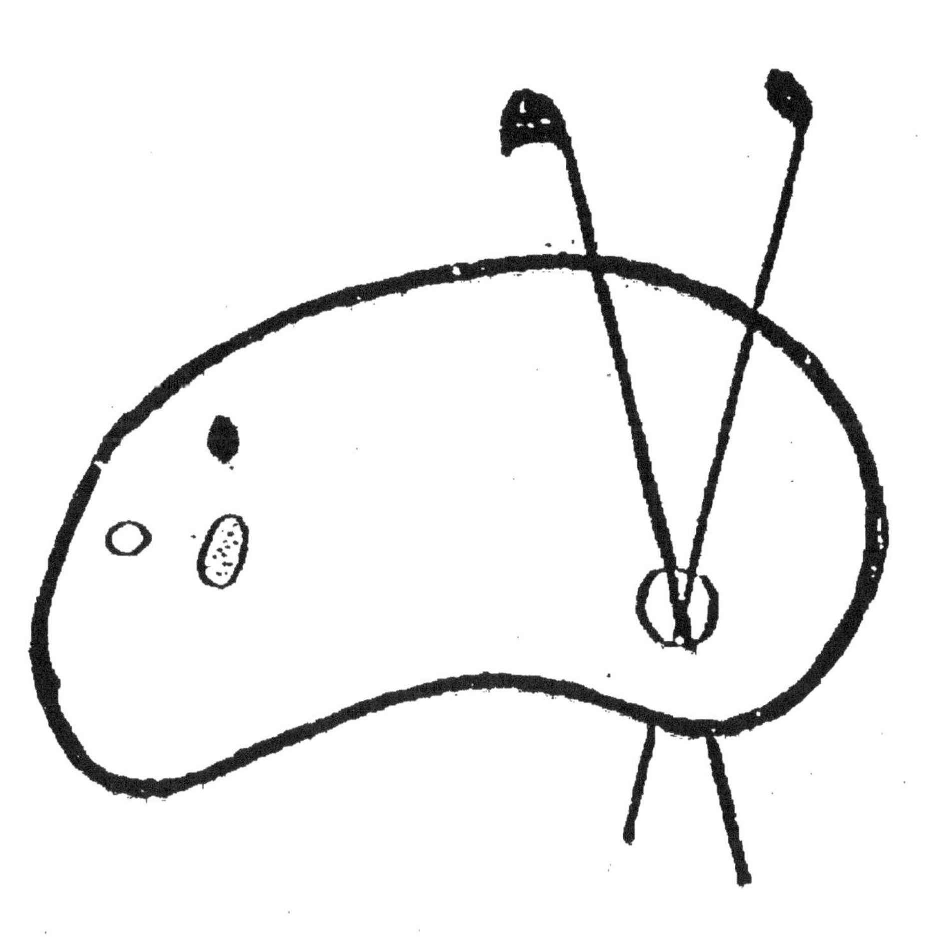

L'UN D'UNE SERIE DE DOCUMENTS
EN COULEUR

LA RÉPUBLIQUE

Finances, Commerce, Agriculture

De 1877 à 1902

ELECTEURS !

La République est, par définition — la chose publique — le bien de tous. C'est l'Etat où le peuple se gouverne lui-même, soit par un chef ou des chefs élus.

Une République où les électeurs, parfaitement instruits des intérêts supérieurs de la nation tout entière, choisiraient des mandataires scrupuleusement honnêtes, n'ayant jamais d'autre but que le bien du pays, sa gloire, sa prospérité, serait la forme idéale d'un gouvernement, la meilleure que l'on puisse souhaiter.

On a dit avec raison qu'elle peut être la pire et la meilleure des choses.

Elle est ce que les électeurs la font.

Celle qui existe en France depuis 1870 pouvait devenir cette République idéale. Sous les présidences de Thiers, de Mac-Mahon, elle a été intègre, économe, réparatrice des maux de la guerre. La France de cette époque a étonné le monde par sa vitalité, par la rapidité avec laquelle elle a récupéré les forces perdues en 1870.

Depuis, avec des alternatives diverses, la République s'éloignant des partis modérés, mettant de côté successivement les Ribot, Dupuy, Méline, a passé aux mains des Bourgeois, Brisson, Waldeck.

Cette orientation a-t-elle été favorable à la France, au triple point de vue des finances, du commerce, de l'agriculture, c'est ce qu'il est du plus haut intérêt d'examiner.

Car, nous le répétons, la République étant le bien de tous, il est du droit et du devoir de tout citoyen de se rendre compte de la gestion de ses intérêts.

Voyons d'abord les finances, cet organisme vital de l'existence matérielle des nations.

LES FINANCES

Le budget de la troisième République, en 1902, se monte à **quatre milliards trente millions**, chiffres ronds, composés de 3 milliards 551 millions de contributions d'Etat, plus 408 millions de contributions et taxes assimilées, à percevoir pour les départements et les communes.

Par quelle progression, nous en sommes arrivés à ce chiffre colossal de 4 milliards 30 millions de dépenses annuelles, et par conséquent de recettes, c'est ce que nous avons dessein de soumettre ici à vos yeux, en quelques lignes.

Le budget de 1801 — première République — comprenant les budgets des départements et communes, se montait à 836 millions, en recettes et dépenses ordinaires et extraordinaires.

Le budget de 1804 — premier Empire — atteint 950 millions.

Mais la France de 1804 comprend 108 départements, et parmi ses préfectures Turin, Cologne, Genève, etc. C'est une France presque deux fois plus grande que la nôtre, sous la main d'un homme, il est vrai, qui ne souffrait aucun désordre dans son administration.

Le budget de 1819 — Louis XVIII — se monte à 936 millions... en recettes, 896 millions... en dépenses, soit un excédent de recettes de 40 millions. En 1829, les recettes atteignent 1 milliard 21 millions, les dépenses 1 milliard 15 millions, soit un boni de 6 millions encore dans les recettes.

Ces bonis, les Français peuvent les saluer tout bas au passage, ce sont les seuls de ce siècle qui aient servi à éteindre leur dette nationale.

Le gouvernement monarchique de la Restauration, en treize ans, avait diminué la dette de 6 millions de rente, soit 120 millions en capital, tout en payant les frais de guerre de 1814 et 1815 et la conquête de l'Algérie, ce joyau de nos colonies.

Le second Empire chiffre son premier budget, en 1852, à 1 milliard 513 millions, recettes et dépenses; son dernier budget, en 1869, à 2 milliards 148 millions.

La guerre de 1870 et la Commune de 1871 grossirent la Dette nationale de près de 9 milliards (8 milliards 591 millions) (1).

____

(1) Chiffres de M. Cochery, plusieurs fois ministre des finances sous la troisième République.

Si la responsabilité principale de cette malheureuse guerre retombe sur le gouvernement du second Empire, il est juste aussi d'en faire porter une large part aux députés de l'opposition au régime impérial, qui refusèrent au maréchal Niel, ministre de la guerre, les crédits demandés pour la réfection de notre matériel d'artillerie, pour les fortifications de l'Est, et l'organisation comme l'armement de la garde mobile.

Il ne faut pas oublier, aussi, que Bazaine a été mis à la tête de l'armée de Metz, sur la demande impérieuse de Jules Favre et de son parti.

« Ceux qui ont fait la guerre, disait M. Thiers, nous ont condamnés à une dépense de 4 milliards ; mais ceux qui l'ont prolongée, ont doublé le désastre et la dépense ; je le dis, pour être complètement juste ».

Cette digression n'est du reste, ici, que pour répondre, une fois pour toutes, à l'excuse trop souvent mise en avant, pour justifier le déficit financier actuel : « C'est l'Empire qui a détruit l'équilibre de nos finances ? »

L'Empire a commis, en 1870, une faute impardonnable qui a pesé lourdement sur le pays. La liquidation des charges de cette guerre, prolongée inutilement par le gouvernement du 4 septembre, a inscrit au budget 270 millions de plus, dont une partie fut amortie de 1872 à 1880.

Mais, comme nous le verrons plus loin, le gouvernement du pays par les radicaux et les sectaires a inscrit à notre budget 1.200 millions de charges annuelles, **sans guerre, en pleine paix.**

A chacun selon ses œuvres.

Il convient également d'ajouter que les restaurations nécessitées par les criminels attentats de la Commune de 71, entrent, dans ce chiffre de 9 milliards, pour une somme considérable, ainsi que les frais de la reprise de Paris.

Mais continuons notre investigation des budgets.

En 1874 — troisième République, présidence Mac-Mahon. — le budget est de **2 milliards 966 millions,**

Il comprenait les charges de la guerre, les nouveaux armements, les fortifications de l'Est..., etc...

C'était un chiffre qui, à l'époque, paraissait devoir être le maximum de ce que la France peut supporter. Tout gouvernement soucieux des intérêts suprêmes de la patrie, aurait dû employer son énergie à éteindre progressivement cette dette, ainsi que le fait le bon père de famille pour son héritage grevé de dettes.

Mais, tel ne fût pas le souci des majorités radicales et sectaires du Parlement.

En effet, le budget de la troisième République, présidence Loubet, monte, en 1901, à **4 milliards 30 millions!** avec un déficit de **175 millions** pour 1901 ; un déficit de 30 millions pour le premier mois de 1902 (1).

Comparé au budget de 1874, c'est une augmentation dans les dépenses, en vingt-sept ans, de 1 milliard 64 millions. Il faut y ajouter, pour être complètement exact, 108 millions provenant du bénéfice des conversions opérées depuis 1874.

C'est donc en réalité **1 milliard 172 millions** d'augmentation dans cette période, correspondant, à 3 °/₀ (le taux actuel), à **39 milliards** en capital, soit près de **huit fois l'indemnité de guerre de 1870.**

---

(1) Le déficit réel, comprenant les moins values en cours d'exercice, les crédits supplémentaires, les dépenses hors budget, atteint, en réalité, environ 300 millions!

Notez-le bien dans votre mémoire, électeurs! pour vous en souvenir lorsque vous déposérez votre bulletin dans l'urne.

L'administration du pays par les Brisson, Waldeck, Bourgeois, Millerand, a endetté la France, dans le court espace de vingt-cinq ans, en pleine paix, d'une charge annuelle à payer, correspondant à **39 milliards** en capital.

En vérité, l'histoire n'offre pas d'exemples d'un budget si prodigieusement enflé, en si peu de temps, lorsque la paix n'a cessé de régner dans un pays.

Et cependant, les Français, pendant cette même période, ont opéré des merveilles d'activité, dans tous les domaines, de l'industrie, du commerce, dans la reconstitution des vignobles, etc.

Les recettes ont donné parfois des excédents considérables :

142 millions en bonis....................... en 1879
169 millions (ministère Ribot)........... en 1880
 94 millions (ministère Méline).......... en 1897
137 millions (ministère Méline)......... en 1898

Ces excédents, fleurs rares et précieuses de notre prospérité nationale, auraient dû diminuer notre dette d'autant. Ils sont tombés, inutiles, dans le gouffre de nos dépenses, ouvert et entretenu par l'incurie, sinon la malhonnêteté de ces hommes, qui vont vous demander demain leur réélection.

———————

Ce n'est pas tout.

La Dette flottante, comprenant la caisse des dépôts, les caisses d'épargne, de retraite, etc..., etc..., cette

Dette, presque toute immédiatement exigible, se monte à 5 milliards 500 millions.

Vous l'entendez bien, cinq milliards cinq cents millions, qui ont été absorbés sou par sou par l'Etat et convertis en titres de rentes, dont ainsi il surélevait artificiellement les cours.

Qu'une guerre européenne éclate, et elle peut éclater comme un coup de tonnerre du milieu de ces nations armées jusqu'aux dents, qu'une guerre se déclare, et des millions de familles, le jour où la mobilisation sera affichée sur les murs de nos mairies, viendront redemander à l'Etat cet argent laborieusement mis de côté pendant la paix.

Que leur donnera-t-il, en échange de l'or économisé ?

Il ne pourra leur donner que du papier, l'assignat, le méprisable assignat (1).

Il promulguera une loi de circonstance pour retarder ces remboursements jusqu'à l'époque de son choix.

Et ces femmes, ces enfants, qui se presseront aux guichets pour y réclamer les sommes nécessaires à leur entretien, au moment où les hommes valides gagneront les frontières, rentreront les mains vides dans leurs foyers, où le pain manquera dès le lendemain.

Ce sera la banqueroute, la plus vile des banqueroutes, celle infligée aux plus pauvres, par un Gouvernement sciemment trompeur.

Les députés de la majorité actuelle vous ont-ils indiqué la solution de cette redoutable éventualité ?

Vous ont-ils dit où le gouvernement Waldeck et consorts prendront, à la fois, les 5 ou 6 milliards

---

(1) En 1796, le louis d'or valait mille livres en assignats.

nécessités par la mobilisation et les **cinq milliards cinq cents millions** dûs à l'épargne française, ressource suprême des travailleurs?

Non, ils ne vous l'ont pas dit, car ils savent que ce remboursement immédiat sera impossible. Ils préfèrent masquer cette situation, dissimuler l'avenir, en proclamant la prospérité des finances, ainsi que vous avez pu le lire, affiché sur les murs de vos mairies, dans les discours, tissus de mensonges, de M. Caillaux.

Les députés du ministère Waldeck n'ont d'autre souci que de **gaspiller** ce budget formidable de 4 milliards, dans l'intérêt de leur réélection.

Vous, vos familles, le pays, la France, son avenir, sa gloire, tout cela ne pèse pas une once dans leurs déterminations, leurs votes. Se faire renommer député, sénateur, tenir le ratelier, voilà ce qui leur importe, et c'est le seul mobile de leur conduite.

Pour satisfaire à cette réclame électorale, qui est depuis longtemps et partout, du reste, la seule politique financière des radicaux, le gaspillage est devenu le fait de chaque jour. Et, pour suffire à ce besoin incessant de dépenses, on a dû tendre à l'excès le régime des impôts, en augmenter tous les ans le chiffre. Il en est résulté une situation dangereuse, qui sera peut-être demain sans issue.

Car, c'est une vérité rigoureuse, sans conteste possible, que l'impôt exagéré tue la matière imposable, tue les échanges. Il atteint la source même de la richesse et, par là, le travail national.

Tel le champ qui ne rapporte plus la semence et le prix du labeur est abandonné par le cultivateur.

Voulez-vous qu'il en soit ainsi de votre pays?

Les chiffres que je viens de vous donner sont, à peu près tous, tirés des rapports officiels et ouvrages de MM. Cochery et Jules Roche, tous deux ministres des finances sous la troisième République, financiers d'ailleurs d'une compétence reconnue de tous.

Ce sont là des témoins fort gênants pour les députés et sénateurs responsables, car ils sont irrécusables.

Pour dissimuler les fautes de cette honteuse et néfaste gestion financière, ceux-ci vous allégueront, sans doute, que les pays voisins sont grevés d'impôts aussi lourds, de dettes aussi écrasantes.

C'est encore faux. Les chiffres le prouvent :

Le Russe paie par an et par tête..	46 fr.
L'Italien	50 fr.
L'Allemand....................	57 fr.
L'Américain (Etats-Unis)........	61 fr.
Le Français....................	115 fr.

La dette de l'Etat représente par tête d'habitant :

En Suisse	25 fr.
En Russie	120 fr.
Aux Etats-Unis.................	185 fr.
En Allemagne..................	285 fr.
En France	970 fr.

La dette nationale de la France est de 37 milliards pour 38 millions d'habitants, tandis que la Triple Alliance, c'est-à-dire Autriche, Italie, Allemagne ensemble, n'ont que 30 milliards de dette pour 116 millions d'habitants.

Le rapprochement des chiffres seul ne suffit-il pas à éclairer d'un jour lamentable la surcharge évidente de la part réservée au Pays français !

Des finances maintenant, passons au commerce.

LE COMMERCE

Le commerce extérieur spécial de la France avait passé de 1 milliard 923 millions, en 1851, à 6 milliards 228 millions, en 1869, augmentant ainsi, en dix-huit ans, de :

4 milliards 305 millions;

soit 239 millions d'augmentation par an.

Les dépenses du budget, comme vous l'avez vu au chapitre précédent, avaient passé, dans le même laps de temps, de 1.461 millions à 2.143 millions, soit 37 à 38 millions d'augmentation par an.

A chaque million de dépenses, en plus, correspond un gain de six millions d'affaires à l'extérieur.

Que devient cette proportion, sous la République des Brisson, Waldeck, Loubet ?

Notre commerce extérieur s'élevait, en 1874, à **7 milliards 209 millions.**

Il atteint, en 1899, **8 milliards 671 millions,**

Soit 1 milliard 462 millions d'augmentation en vingt-cinq ans ;

Soit encore un gain de 58 millions par an, au lieu des 239 millions de la période de 1851 à 1869 !

Les impôts de 1874 à 1899 croissent de 1 milliard 172 millions, soit 45 millions environ par an. Mais à chaque million de dépenses en plus, ne correspond plus que 1.170.000 francs de gain, dans le chiffre des affaires.

Ainsi, quand le commerce marque le pas, les impôts galopent.

La seule inspection de ces chiffres met en lumière ce fait, qu'il était facile aux Français obtenant, dans leur commerce, un gain de 4 milliards 305 millions en dix-huit ans, de payer 682 millions d'impôts de plus, dans la même période. Tandis que c'est une charge écrasante pour eux, lorsque, en vingt-cinq ans, leur commerce n'a gagné que 1 milliard 462 millions, de payer un surplus d'impôts de 1 milliard 172 millions, ainsi qu'il leur advient de 1874 à 1899.

Le ralentissement des affaires indiquait impérieusement à nos gouvernants, la réduction nécessaire des impôts, l'économie la plus stricte, en raison même du tarissement des ressources. La clairvoyance vis-à-vis des intérêts du pays, l'honnêteté la plus élémentaire envers leurs commettants, leurs devoirs envers la patrie, tout leur imposait cette conduite.

Ils ont passé outre, dans un vil but de réclame électorale. Au pays, dont le commerce décroissait, ils ont demandé 1 milliard 172 millions d'impôts de plus par an, et, malgré cet effort imposé aux contribuables, ils bouclent cette année un budget de 4 milliards 30 millions, avec un déficit de 175 millions, au bas mot.

Reconnaissez-vous à ce tableau, les signes de cette prospérité vantée à chaque banquet officiel ? Il est possible que sous ce ministère, où les Juifs et les francs-maçons sont les maîtres, des hommes sans scrupule s'enrichissent. Mais pour la France, c'est l'appauvrissement lent et continu qui aboutit à la misère.

Ceux d'entre vous qui ont toujours soutenu de leurs votes ce gouvernement de ruine, vous répéteront, comme au sujet des finances, que les commerces des pays voisins subissent les mêmes pertes, que cela tient à un état général en Europe, etc.

Je leur répondrai par ces quelques chiffres.

En 1900, l'ensemble de notre commerce extérieur a perdu **184 millions et demi** — et, notez-le bien, **c'est l'année de l'exposition !**

De l'autre côté de nos frontières, en 1900, l'Allemagne gagne pour son chiffre d'affaires 233 millions ; l'Empire anglais, 1 milliard 572 millions.

L'Italie, la pauvre Italie, réduit son déficit de 300 millions en dix ans ; elle arrive cette année à avoir un excédent de 40 millions dans ses recettes, tandis que la République de Waldeck-Rousseau montre, aux yeux de l'Europe moqueuse, un trou de 175 millions dans son budget démesuré.

Les bons esprits n'ont cependant pas manqué en France, qui ont signalé le danger de cette politique financière. Sans parler des députés ou sénateurs de la droite, comme Buffet, Chesnelong, progressistes, comme Piou, Méline, Ribot, etc..., parmi les républicains partisans du gouvernement aujourd'hui au pouvoir, il s'en est trouvé d'assez patriotes pour jeter le cri d'alarme, sans s'arrêter à d'aveugles considérations de parti.

Ainsi M. Antonin Dubost, alors rapporteur général à la Chambre et républicain radical, écrivait : « Il est trop clair que nous dépensons trop, que les charges du pays sont trop lourdes, que notre puissance économique financière et militaire en est gravement affaiblie. »

Mais les députés de cette majorité servile, qui opprime notre malheureux pays, ont préféré dissimuler, leurrer leurs électeurs dans leurs discours optimistes et cacher à leurs yeux la trop rapide décadence de la Patrie.

Ce mot de décadence va sans doute vous paraître un peu gros ! C'est malheureusement un fait, que les chiffres établissent sans conteste possible.

De 1874 à 1900, notre commerce extérieur gagne **1 milliard 462 millions.**

Dans le même laps de temps, l'Allemagne gagne **7 milliards 548 millions — l'Angleterre 11 milliards.**

Les monarchies européennes nous montrent par là ce que produit l'esprit de suite ; elles nous apprennent ce que l'on peut attendre de la sécurité gouvernementale, de la foi dans l'avenir.

C'est, de l'autre côté de nos frontières, une extension gigantesque du commerce, de l'industrie, de la navigation. Dans ces Etats, les dépenses aussi ont augmenté et dans de notables proportions. Mais les sommes dépensées ont été des graines semées sur des terres longuement préparées, et la moisson a levé, compensant tous les sacrifices. Les revenus se sont accrus et ces pays supportent sans plier les charges imposées à leurs richesses doublées.

Telle n'est pas la situation du pays français. A une augmentation énorme d'impôts, correspond un chiffre d'affaires stationnaire et déjà **fléchissant,** comme en 1900 et 1901.

Vous étonnerez-vous, en présence de ces faits, que la statistique des successions ait révélé, dans la période de 1890 à 1900, une diminution dans l'ensemble de la fortune française de 10 milliards !

Ce fléchissement dans la prospérité nationale, ne le voyez-vous pas, du reste, à des signes répétés et divers ?

Les vignerons de l'Hérault refusent d'acquitter l'impôt. Le rendement des impôts de janvier 1902 est de 30 millions inférieur à celui de janvier 1901.

En vingt ans, la propriété foncière a diminué de 28 milliards.

En deux ans, sous le gouvernement Waldeck-Millerand, la baisse des valeurs a atteint le quart de la fortune mobilière du pays.

Les versements de l'Epargne sont inférieurs, en 1901, de près de 18 millions à ceux de 1900.

La France en est réduite, sous ce ministère Dreyfus, pour couvrir les frais de l'expédition de Chine, à emprunter à des Français l'indemnité due par les Chinois et payable **dans trente ans seulement.**

Ce pays, puissant et riche autrefois, en est aux expédients des besogneux !

Ce sont là, Electeurs ! des constatations douloureuses pour quiconque aime sa Patrie ! Et si nous les soumettons à vos yeux, ce n'est pas dans un vain désir de polémique, mais bien pour vous faire connaître ce que ce gouvernement néfaste vous dissimule, pour vous signaler une situation très grave et dangereuse, que vos votes peuvent encore modifier, avant qu'il ne soit trop tard.

Passons maintenant à l'agriculture.

L'AGRICULTURE

Le déclin de l'agriculture n'est pas moindre que celui du commerce.

Et cependant, il n'existe pas, sur terre, un pays sous un ciel plus clément ; il n'est pas de plaines plus fécondes que celles de France, ni de coteaux plus riches que ceux de Bourgogne et du Bordelais.

Cela ne suffit plus aujourd'hui à constituer la prospérité d'un pays agricole.

La concurrence sur les marchés, où, grâce à la facilité des transports, les produits du monde entier peuvent se donner rendez-vous, est telle que la vente appartient à celui qui livre à meilleur marché, pour une valeur égale.

Pour obtenir cette production à bon marché, il faut, tout d'abord, que l'outil producteur, ici, la terre cultivable, ne soit pas trop lourdement chargée d'impôts. Il est évident que le blé levé sur une terre grevée de lourds impôts, ne peut rivaliser, sur les marchés du monde, avec ceux germés sur des territoires libres de toutes charges, ou ne supportant que des impositions inférieures.

Or, en France, pour solder ce budget formidable dont nous avons parlé, pour subvenir à ce gaspillage effréné des ministères Bourgeois, Brisson, enfin du plus éhonté de tous, Waldeck-Millerand, on en est venu à infliger à la terre des impôts écrasants.

L'Etat prend à cette terre, déjà épuisée de la nourriture fournie pendant des siècles à ses enfants, le 25 %, de son revenu. Il faut compter, en plus, 7 %, pour les impôts de consommation, soit ensemble 32 %,!

Les agriculteurs de France, dit avec raison M. de Luçay, vice-président de la Société des Agriculteurs, sont les gens les plus imposés du pays.

Et pourquoi donc, cette terre est-elle si injustement frappée? Cette terre de France, qui devrait être l'objet de toute la sollicitude des pouvoirs publics, terre nourricière des laboureurs tôt levés, des vignerons laborieux, terre nourricière des grenadiers d'Austerlitz, de Magenta et de Sébastopol!

C'est d'abord, que cette terre ne peut s'emporter comme un portefeuille de valeurs, et que, par suite de la crainte de voir celles-ci passer les frontières, comme aujourd'hui c'est déjà le cas, on fait supporter à la culture ce que l'on n'ose demander aux valeurs mobilières.

Pourquoi encore ? Parce que ce gouvernement méprisable craint tout du mécontentement des ouvriers des villes et qu'il sait la résignation du cultivateur.

Aussi, la décadence de la culture est-elle effrayante : Elle a perdu en dix ans, de 1882 à 1892, comme valeur vénale, 13 milliards 737 millions, chiffre officiel de la dernière statistique décennale du Ministère de l'Agriculture ; 14 milliards, de 1892 à 1902 ; soit 28 milliards en vingt ans.

Et, en vingt ans, les impôts ont crû de 1 milliard 172 millions !!

Le produit brut du sol s'est abaissé de 844 millions pendant la même période ; l'expropriation sévit avec une intensité désolante. La dette hypothécaire grevant les propriétés particulières en France dépasse 14 milliards, chiffre qui représente 11 % de la valeur totale de la fortune française en terres.

En 1897, on a compté 23.988 ventes forcées.

Combien en comptera-t-on en 1902, avec la terrible mévente des vins, partout, et spécialement dans le Midi ?

On vous dira, électeurs ! La politique n'a rien à voir là-dedans, ce sont des faits économiques, indépendants des régimes politiques.

C'est faux.

La mauvaise politique, dont le ministère Waldeck est la formule la plus accomplie, est, en grande partie, cause de cet état si précaire de notre agriculture.

L'agriculture vit de ses ventes à l'intérieur, de ses débouchés à l'extérieur.

A l'intérieur, à l'heure actuelle, la consommation se ralentit, se restreint, par suite du dépérissement du commerce, du chômage de l'industrie.

Ce dépérissement, ces chômages proviennent de l'inquiétude générale causée en France par les alliances de M. Waldeck avec les socialistes de tous poils, alliances scellées sur la tête de Dreyfus, son protégé — et ensuite, par les votes ruineux des suppôts de ce ministère.

A l'extérieur, les débouchés se ferment petit à petit, parce que notre agriculture, écrasée d'impôts, ne peut lutter avec les produits étrangers auxquels la sagesse de leur gouvernement a épargné cette surcharge — tels les moutons d'Allemagne, les laines et le lin d'Australie, les blés russes et argentins, et bientôt les fruits de Californie, etc..., etc....

A l'étranger, les exportations sont favorisées par des lois mûrement étudiées, leur placement est facilité par des agents compétents. Ainsi, en Allemagne ou en Angleterre, les consuls sont de vrais commis-voyageurs pour l'agriculture et le commerce de leurs pays respectifs. Les tarifs sont élaborés, proposés par des ministres choisis parmi les hommes d'Etat que leurs études antérieures ont préparés à ces hautes charges.

On ne voit pas, au-delà de nos frontières, des ministres comme Millerand, le socialiste, mis à la tête du commerce, de ce commerce que le socialisme veut tuer, puisqu'il suppose des capitaux à exploiter. On ne voit pas des Monis, marchand d'alcools frelatés et de provenance allemande, devenir grand maître de la justice, des médecins ratés comme Lanessan, commander une marine glorieuse comme celle de la France, etc..., etc...

Chez nous, les ministres sont les produits vénéneux du hasard des combinaisons parlementaires, d'une politique sectaire, oublieuse des vrais intérêts de la Patrie. Ils ne font que passer dans leurs ministères, car d'autres affamés attendent, les crocs aigus. Ils passent, sans rien étudier à fond, sans rien prévoir, satisfaisant seulement les frères et amis des Loges.

Et, très souvent, nos consulats ne sont gérés que par des fruits secs de cette politique méprisable, par des députés dont les électeurs ne veulent plus, des serviteurs à gages des ministères qui ont passé.

Comment voulez-vous, nous vous le demandons, qu'un commerce, une agriculture, menés de cette manière, puissent lutter avec ceux de l'étranger, où la stabilité dans les fonctions, la compétence objective, sont des règles immuables ?

L'agriculture a besoin du temps. Elle ne donne rien du jour au lendemain, ce n'est pas un jeu de bourse, de juifs. Elle ne récompense que les efforts longuement poursuivis. Et, en France, grâce à Waldeck et ses semblables, tout est instabilité. Nul n'est plus assez osé pour se lancer dans des exploitations agricoles dont les bénéfices ne peuvent être qu'à longue échéance. Nul ne se soucie plus de faire suer à cette terre l'impôt dont elle est écrasée par les besoins d'un gaspillage incessant.

Le résultat est que la gêne étant partout, la misère faisant son apparition dans nombre de foyers, chacun restreint ses achats de vin, de viande, de poisson, de fruits, etc., et les denrées s'avilissent.

CONCLUSION

Après cette trop rapide revue de chiffres, en présence de ce déficit croissant, de cette surcharge d'impôts, par laquelle le travail national et l'agriculture, mis en concurrence avec l'étranger, menacent de déchoir d'abord, et de périr ensuite, quelle conclusion tirer?

Il en est une qui s'impose.

La République est tombée en de mauvaises mains.

La majorité de cette Chambre défunte a, par ses votes, remis le pouvoir aux mains :

de M. Waldeck, l'avocat-conseil du traître Dreyfus ;

de M. Millerand, l'internationaliste, le sans-patrie ;

de M. Caillaux, l'homme qui rit, en constatant dans les caisses de l'Etat un trou de 175 millions ;

du Frère André, l'organisateur de la défaite, etc.

Et ce faisant, cette majorité servile a amené le pays à deux doigts de la ruine. Les radicaux, les socialistes, les dreyfusards et internationalistes qui sont de vrais traîtres au cœur du pays, ont conduit la République dans une voie qui est la négation de tous ses principes, de toutes les espérances qu'elle pouvait faire concevoir à des hommes de bonne foi.

Ils n'ont cessé d'accuser la République modérée de Thiers, de Mac-Mahon, et, avant elle, l'Empire, de favoriser les abus du fonctionnarisme.

Or, en 1873, on comptait **285.000 fonctionnaires** coûtant **340 millions**.

En 1900, 416.000 fonctionnaires émargent au budget 627 millions (1).

Et vraiment, répondez franchement, interrogez vos anciens ? — Etes-vous mieux administrés ? Vos routes sont-elles mieux tenues ? A-t-on diminué les frais de justice ?

Non ! eh bien ! vous payez double. Double, pour que vos fonctionnaires vous pressurent dans vos déclarations de succession ; double, pour que les francs-maçons placent grassement et à vos frais, leurs enfants , double, pour garnir cet immense ratelier, qui est aux yeux de la franc-maçonnerie, la réelle image de la Patrie.

La République avait une charte, datant de 1789, celle des Droits de l'homme et du citoyen.

Qu'en ont-ils fait vos élus ?

« Nul, disait cette charte, ne doit être inquiété pour ses opinions religieuses. »

Et ils ont, par leurs votes, jeté sur les routes de l'exil les congrégations, des femmes et des vieillards, pleins de mérites et de vertus.

« La loi doit être la même pour tous, dit encore cette charte, soit qu'elle protège, soit qu'elle punisse. »

Et ils ont grâcié le traître Dreyfus — parce qu'il était juif et maçon.

Ils défendent à d'inoffensifs religieux et religieuses de vivre en commun pour la prière et la charité. En révanche, ils favorisent, par tous les moyens en leur pouvoir, les francs-maçons, ces farceurs affublés de tabliers de bouc, qui prétendent remplacer le culte du

______

(1) Autrement dit, le nombre des fonctionnaires s'est augmenté de 131.000 et ils coûtent 300 millions de plus.

vrai Dieu, par je ne sais quelle religion de ferblanterie et de tonnerres de comédie — masque, du reste, imposé aux sots, aux imbéciles, et derrière lequel ils s'entendent simplement pour l'exploitation, sans vergogne, de vous tous contribuables de France.

Pour sauver son juif, deux fois et justement condamné, M. Waldeck-Rousseau a dû s'allier aux socialistes, à ces hommes qui remplissent la Chambre de leurs cris de : « Vive la Commune ! » Et ceux-ci, forts de l'appui de leurs voix, nécessaires au succès de la cause dreyfusarde, n'ont pas tardé à mettre à exécution leur programme de désordre et d'anarchie.

Aussi, depuis deux ans et demi, les grèves ne cessent d'inquiéter l'industrie et le commerce. Elles ont produit une crise incontestable et qui ne dérive, en France, que de la mauvaise politique de ce ministère.

Qu'en est-il advenu ?

Ce sont les ports d'Anvers et de Hambourg qui ont profité des grèves du Havre et de Dunkerque. Celui de Gênes s'est enrichi au détriment du port de Marseille, dont le commerce a perdu, du fait de ses grévistes, une somme de 144 millions. Le charbon étranger a pris la place du charbon de Montceau et la gardera. Les tullistes de Nottingham (Angleterre) ont reçu les commandes destinées à Calais, etc...

Les grèves ont coûté, en 1901, 2.320.000 francs pour indemnités aux troupes chargées de l'ordre, 448.000 francs pour la gendarmerie départementale en raison de ses déplacements, soit 3 millions de déficit, que la connivence de M. Millerand avec les grévistes vaut au budget.

Et la crise n'est pas près de cesser, car, croyez-le bien, tout se tient, tout s'enchaîne.

Lorsque le commerce languit, lorsque les usines, faute de charbon, éteignent leurs feux, les commandes cessent, l'afflux de l'or étranger tarit, l'ouvrier sans salaire n'achète plus et le cultivateur, n'ayant plus d'acheteur, ne vend plus ni son vin, ni sa viande, ni ses fruits.

Oh ! nous entendons bien ce que vous diront les amis quand même de ce ministère Dreyfus, et le remède qu'ils proposeront à tous ces maux.

« On prendra où il y a ! On prendra aux riches. » Oui, très bien. Ils paieront tant qu'ils le pourront. Mais, en attendant leur ruine, qui coïncidera avec celle de la nation toute entière, ils prendront aussi leurs précautions. Ils réduiront leurs dépenses au strict minimum, donneront congé à leurs serviteurs, vendront chevaux et voitures, arrêteront toute amélioration dans leurs domaines, et les capitaux, sans emploi et sans sécurité, disparaîtront. Chaque jour ils supprimeront un de ces signes extérieurs de la fortune qui sont le grain semé parmi les industries de France.

Il est très possible que cette gêne cause une très grande joie aux Frères des Loges. Mais, il n'en est pas moins vrai que lorsque ces réductions se feront sur l'échelle de la France entière, tous, dans ce pays, en souffriront. Elles atteindront tous les échanges, tous les marchés. Les carrossiers et les charrons chômeront ; les cuirs n'intéresseront plus guère les selliers, les peintres, plâtriers, maçons, verront leur ouvrage réduit, de même les tapissiers, ébénistes de Paris, tisseurs de soie de Lyon, les dentellières du Puy, les drapiers de Sedan, etc.

En un mot, toutes les industries de luxe, qui sont la parure de l'industrie française, disparaîtront petit à petit et avec elles, l'or étranger qu'elles attiraient.

Finalement, la France se trouvera en présence de ce problème redoutable : payer quatre milliards d'impôts, avec une industrie sans commandes, un commerce languissant, une agriculture sans débouchés.

« La dette grossissant toujours, pendant que la production diminue, l'heure viendra inévitablement où les excédents annuels de la production totale, sur la consommation intérieure, suffiront à peine à payer l'intérêt de notre formidable dette.

« A cet instant précis, nous cesserons d'être **un peuple libre,** nous serons un peuple de mercenaires, nous travaillerons uniquement pour le percepteur.

« L'Europe suit attentivement le développement de cette situation, qui nous paralyserait en cas de conflit européen, puisqu'elle nous fermerait tout crédit (1). »

Le remède à cette crise financière, commerciale et agricole, qui menace de nous dévorer, consiste en une politique contraire à celle de ce ministère néfaste. — Ce qu'il faut à notre pays, c'est une politique qui rende à tous la confiance, en ramenant la sécurité en l'avenir, en réalisant de sérieuses et efficaces économies.

Pour cela, Electeurs ! choisissez votre élu en connaissance de cause. Le péril est grand, le pays même est en jeu, et nul ne peut se désintéresser de ce devoir civique — **nommer un bon député.**

Un Electeur.

---

(1) Leroy-Beaulieu.

Lyon. — Imp. X. JEVAIN, rue François-Dauphin, 13.

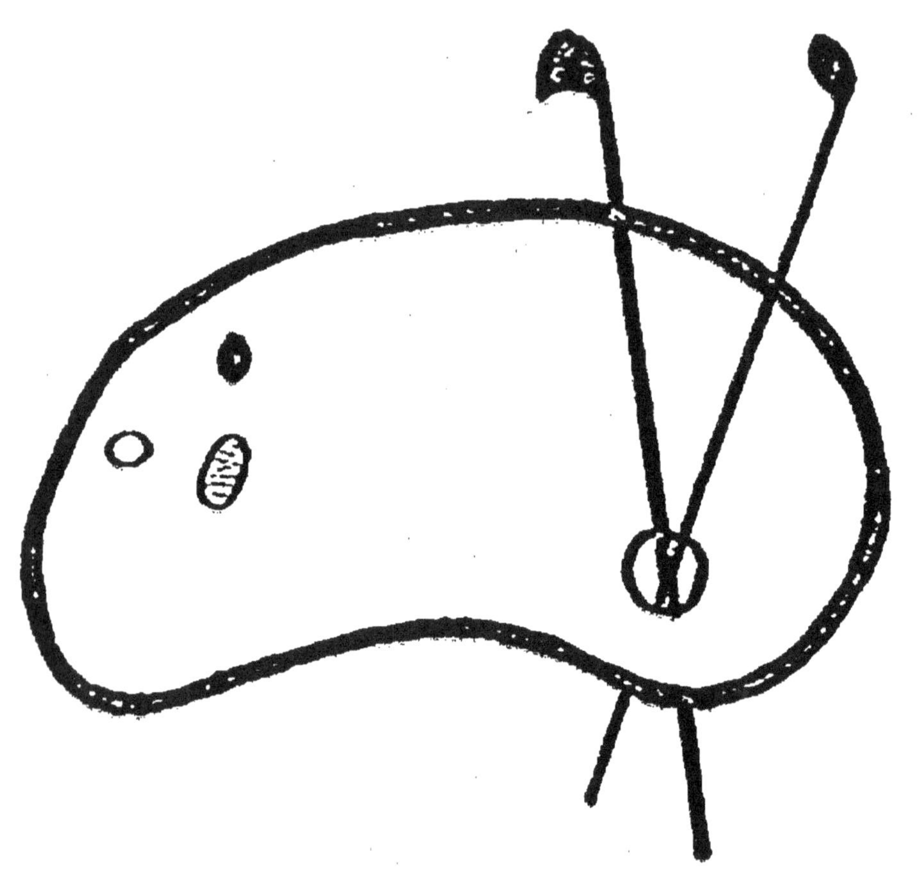

ORIGINAL EN COULEUR
NF Z 43-120-8